본명 이주희.

한 사람의 아내 혹은 두 딸의 엄마보다

영원히 장미자의 딸이었으면 좋겠다고 생각하는 사람.

@292co

일러두기

이 책은 SNS를 기반으로 사람들과 친근하게 소통해 온 저자의 단행본으로,
저자의 개성을 살리기 위해 특유의 표기법과 입말을 그대로 사용했습니다.

두이스 집밥 요리집

글과 그림 이주희

잡생각도 많고 해야 할 일도 많은 나에게 요리는 자는 것 말고 유일하게 뇌를 쉬게 하는 시간이다. 그냥 요리를 좋아한다고만 생각했는데, 사실 재료를 만지는 것 자체를 좋아하는 것 같다. 일정한 크기로 나란히 정돈되어 있는 식재료들의 모습이 보기 좋은 것이다. 어떨 때는 재료들이 너무 귀여워서 '요리사들은 요리 어떻게 하지' 이런 생각도 한다.

아이들을 낳고 기르며 인생에서 뜻대로 되는 것이 없다는 생각이 드는데, 끼니를 차리는 것은 재료와 맛 전부 나로부터 시작되고 끝이 난다. 의도한 대로 맛이 나오지 않아도 내가 먹으면 그만이다. 나를 위하고 가족을 위한 요리는 자영업과 다르게 부담이 없다. 그래서 엄마 밥이 맛있는지도 모르겠다.

이 원고를 처음 쓰기 시작한 것은 4년 전이다. 그동안 레시피도 많이 변했다. 그때는 그렇게 해야만 한다고 생각했던 것들 중 이제는 아닌 것도 있다. 지금의 내가 맞다고 믿는 것들도 나중에는 틀린 답이 될 수 있을까. 원고를 다시 읽으며 한동안 현재에 대한 의구심이 들기도 했다.

하지만 그럼에도 불구하고 변하지 않은 무언가가 있는 것 같다고 느꼈다. 음식을 대하는 자세, 귀찮아도 밥을 지어 끼니를 챙기는 마음, 자식에게 요리를 해주는 삶의 방식 그리고 세대를 넘어 변하지 않는 집밥의 본질적인 무언가를 쓰고 싶었다. 그리고 나는 그것들을 모두 나의 엄마, 장미자에게서 배운 것 같다.

물론 이 책은 이 모든 것들의 의미를 전달하기엔 가볍다. 하지만 그렇기 때문에 독자들이 요리 생활을 어렵게 느끼지 않고 더 나아가 자신만의 집밥 이야기를 돌아볼 수 있는 시간을 갖기에 충분할 것 같다.

평범한 내 집밥 이야기가 누군가에게 도움이 될 수 있을 것 같아 뿌듯하다.

목차

장미자와 두이스 이야기

1	콩김두	12
2	만둣국	18
3	장미자김밥	24
4	김치전	30
5	마요네즈과일사라다	36
6	애호박전	40
7	부대부심라면	46

두이스 이야기

1	된장찌개	52
2	두이스복음개밥	58
3	단무지무침	64
4	케찹오므라이스	68
5	간장두부조림	74
6	편식카레	78
7	유부초밥	84
8	샌두이스	88
9	양배추샌두이스	94
10	가지애호박스파게티	98
11	버섯토스트	106

두이스와 동그래·동그린 이야기

1	시금치된장국	114
2	시금치무침	120
3	콩나물무침	126
4	현미비빔밥	132
5	계란찜	136
6	유부계란간장비빔국수	140
7	만두솟국	146

장미자와 두이스 이야기

　태어나 유치원까지 서울에 살다가 아빠가 대관절 당구장 하고 싶다고 해서 강원도로 내려갔다. 그때부터 지금 집에 우리 가족이 살게 되었다. 이제 이십 년이 넘었지만, 그때는 새 거였던 아파트에서 새로 시작하는 기분은 어린이임에도 불구하고 엄청 설렜다. 아파트 단지로 들어가던 장면이 어렴풋이 기억난다.

　엄마의 부엌은 늘 깔끔했다. 특히 가스레인지 주변을 깨끗하게 닦아 관리했다. 내가 어쩌다 콩김두를 덜다 건더기라도 흘려 놓으면 "아이고, 엄마가 제일 싫어하는 거 했네"라고 말하며 바로 닦았다.

우리 엄마는 왜 이렇게 깔끔을 떨었지 싶다가도, 지금의 나 역시 아이들에게 똑같이 하고 잇다. 엄마는 요즘 내가 깔끔 떨면 그러지 말라고 한다. 보기 싫은 자신의 모습이 자식에게 투영될 때가 제일 괴롭다고 한다.

엄마는 늘 일이 끝나고 집에 들어와 저녁을 차려야 했다. 어느 날은 나와 동생의 토끼 같은 눈망울에 힘을 얻기도 했고, 자신만 기다리는 남편과 자식들이 부담스러운 날도 잇엇다고 했다. 결혼하고 자식까지 낳아보니 무슨 느낌인지 너무 알 것 같다.

엄마의 요리는 별것 없어 보이지만 자신만의 방식이 잇다. 김밥을 만들 때 꼭 밥을 새로 짓는다거나 호박전을 부칠 때 호박을 최대한 얇게 써는 것처럼. 엄마 부엌에 놓인 오래된 가스레인지는 이제 힘이 딸려 불 들어오는 속도도 하찮다. 하지만 제 역할을 하며 여전히 주방에 남아 있다. 어느새 엄마의 주방도, 레시피도 나이가 들어서 점점 섬세함이 줄었지만 그건 그런대로 세월의 유연함이라고 눈감는다.

요식업에 종사하면서부터 손맛 좋은 아이들을 많이 보는데, 물어보면 대부분 어머님들이 음식을 잘하신다. 유년기의 기억으로 쌓아 올린 각자의 손맛과 입맛은 대부분 어머니로부터 온다. 나도 엄마랑 입맛이 비슷하다.

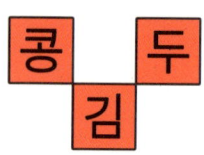

오랜만에 친정에 가서 엄마가 먹고 싶은 거 없냐고 물으면 나는 단연 '콩김두'다. 콩나물김치두붓국. 이름 속 재료로 상상할 수 있는 단정한 맛의 국인데, '엄마 음식' 하면 제일 먼저 떠오른다. 콩김두에서 제일 중요한 것은 김치. 이름을 김콩두라고 바꿔야 할까. 아무튼 잘 익은 김치만 있다면 콩김두는 거의 완성이다.

어느 날 엄마에게 들었던 이야기인데 외할머니도 엄마에게 콩김두를 끓여주셨다고 한다. 그때는 지금처럼 두부에 중국산 콩을 사용하지 않아 무조건 국내산 콩으로 집에서 직접 만들었다고 하니 얼마나 맛잇었을까. 엄마는 콩김두를 자주 먹고 싶었지만 두부가 워낙 귀해 특별식처럼 가끔 먹을 수 있었다고 한다. 엄마도 나처럼 콩김두를 끓이는 날이 좋았다고 하는데, 콩김두는 그러니까 한 엄마가 딸에게 끓여줬고 그 딸이 자라 자기 딸에게 끓여주다가 지금의 내가 딸에게 끓여줄 날만 기다리고 있게 된 음식이다.

어릴 적 콩김두를 먹을 때면 콩나물과 두부만 쏙 먹고 초록색 주름 김치는 남겼던 기억이 있다. 지금도 김치의 잎사귀 부분은 빼놓고 먹는다. 나는 프로 편식러라 한 그릇에서도 먹지 않는 식재료만 쏙쏙 골라내 남길 수 있는데, 어느 날은 엄마가 그걸 보고 웃었다. 아니 엄마가 이렇게 낳은 걸 어떡해.

엄마의 콩김두는 언제나 내 요리였지만, 언젠가부터 동생도 친정에만 가면 콩김두를 찾는다. 콩김두가 역대급으로 끓여진 날이면 서로 이번 콩김두 진짜 맛있다며 이야기한다. 그럴 때면 이미 식사를 했어도 일부러 밥 한 숟갈을 말아먹으며 시원함을 느낀다.

준비물

잘 익은 김치, 콩나물 한 봉, 부침용 두부, 물이나 육수, 김칫국물, 꽃소금, 다시다, +-고춧가루

1️⃣ 우선 콩나물을 씻고 다듬어준다.
뿌리와 콩 껍질을 전부 제거하면
좋겠지만 그냥 벗겨진 껍질 몇 개만
드문드문 제거하는 척해도 좋다.

2️⃣ 냄비에 손질한 콩나물을 담고
맛있게 익은 김치도 넣어준다.
김치 양은 콩나물 넣은
만큼이면 된다.

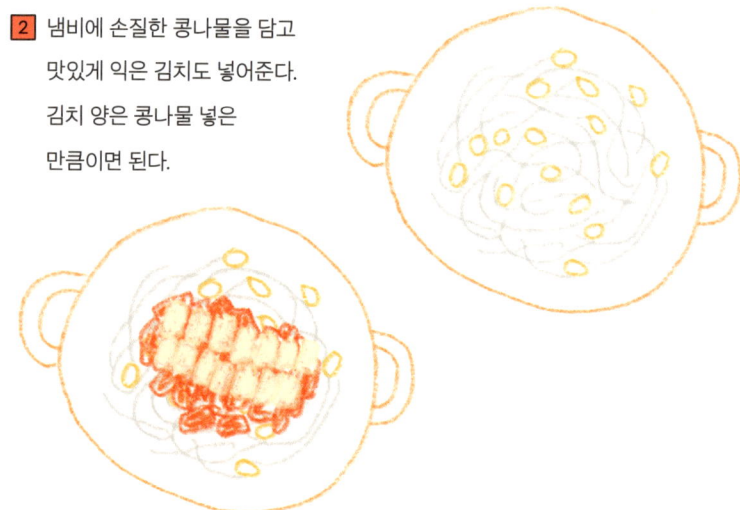

3 그 위에 두부 한 모를 한입 크기로 잘라 올리고 콩김두의 국물이 될 물이나 육수를 부어준다. 다시다 반 스푼도 넣는다.

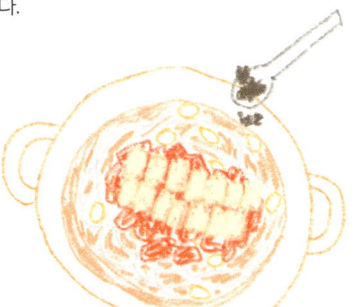

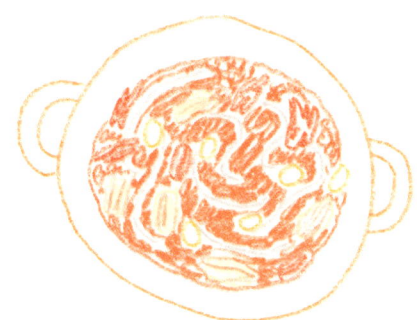

4 콩나물 삶을 때 냄비 뚜껑을 열었다 닫았다 하면 비린내가 날 수 있으므로 주의한다. 뚜껑을 닫고 끓이다가는 중간에 궁금해질 테니 나는 처음부터 열고 끓인다.

5 국물이 보글보글 끓기 시작하면
이제 냄비 문을 닫고 한 번 더 끓여준다.
국물 색이 연한 것 같으면
김칫국물이나 고춧가루를 추가한다.

6 집집마다 김치의 염도가 다르니 국물을 먹어보고 자신의 입맛에 맞추어 꽃소금으로 간을 채운다.

7 콩김두가 완성되면 오늘 끓여놓고 내일 먹는다. 국이나 카레 같은 건 끓여 두고 다음 날 먹으면 더 맛있다. 그래서 나는 아무리 먹고 싶어도 다음 날 먹게 될 더 맛있는 국을 위해 조금 참는다. 정말 먹어야 될 것 같은 날엔 오전에 끓여서 오후에 먹기도 한다.

콩 김 두

만둣국

큰아빠네는 명절 음식을 하나하나 손수 만드는 집이다. 예전에는 몰랐는데 가족 모두가 둘러앉아서 전을 부치고 만두와 송편을 빚는 분위기가 종종 그립다. 나는 어릴 때부터 제사상에 올리는 탕국의 쿰쿰한 냄새를 정말 싫어했다. 뭔가 착잡한 기분이 들고 분위기와 온도까지 답답해지는 것 같다. 비슷한 이유로 길 가다 만나는 족발 삶는 냄새와 액젓 맛이 강한 음식도 좋아하지 않는다. 어른이 되고 나서야 내가 싫어하는 냄새의 원인이 국간장이라는 것을 알게 되었다. 김치에 들어간 젓갈은 참을 수 있어도 국간장은 참을 수 없다.

엄마는 항상 나를 위해 국간장 안 넣은 떡국을 따로 끓여주었다. 그때는 그게 특별하다고 느끼지 않았는데, 이제 나 닮은 딸을 낳고 생각해보니 엄마도 참 귀찮았을 것 같다. 나를 위해 따로 끓여진 그 기억의 맛으로 종종 끓여 먹는 만둣국 레시피. 이 국물에 떡을 넣으면 떡국이 되고 만두를 넣으면 만둣국이 된다.

밖에서 만둣국을 사 먹으면 만두 개수에 실망하는 경우가 있지만, 직접 끓여 먹으면 그럴 일이 없다. 혼자 처음 만둣국을 끓일 때는 엄마가 즐겨 먹던 냉동 만두 제품을 사용해서 만들었지만 요즘은 비비고가 더 맛있어서 갈아탔다.

준비물

냉동 물만두, 계란, 물이나 육수, 다진 마늘, 대파, 김 가루, 꽃소금, 후추, 다시다, 참기름, +-청양고추

1 냄비에 만둣국의 국물이 될 만큼의 물이나 육수를 넣어준다. 나는 국물을 좋아하기 때문에 넉넉하게 넣는다.

2 다진 마늘 반 스푼과 다시다 반 스푼, 청양고추도 원하는 맵기만큼 적당히 썰어 넣고 송송 썬 대파도 한 줌 넣어준다.

3 육수가 우러나기를 기다리며 만두를 먹을 만큼 실온에 꺼내 둔다. 나는 국물만이 아니라 만두도 좋아해서 언제나 많이 넣는다. 모자란 것보다 낫지 않나 싶다.

4 계란 한 개를 깨 알끈을 제거하고 오래오래 섞어 둔다. 거품이 날 정도로 꽤 많이 섞는데, 이렇게 하면 왠지 계란이 더 부드러워지는 느낌이다. 계란에 막이 잇으니까 그것을 잘라내는 느낌으로 섞는다고나 할까.

5 육수가 끓으면 준비한 만두를 넣는다.

6 만두가 다 익어 국물 위로 동동 뜨면
간을 본다. 다시다만 넣으면
당연히 간이 부족할 테니 꽃소금도
넣는다. 만족스러운 염도가 나올 때까지
간을 더한다.

7 아까 미리 저어 둔 부드러운
계란물을 국물이 끓어오르는
거품 부분에 너어준다.

8 계란이 익으면 불을 끄고 후춧가루를
톡톡 뿌려준다.

9 참기름도 빙 둘러준다.

10 김 가루를 올려 완성한다.
김 가루가 없으면 반찬용 김을
한 봉 뜯어서 한 손에 모두 잡아넣고
부수어 뿌려준다.

11 뜨거울 때 먹는다.
만두를 떡으로 바꾸면 떡국이
된다는 점도 참고한다.

장미자 김밥

소풍 날이면 엄마는 항상 김밥을 싸줬다. 갓 지은 새 밥과 참기름의 고소한 냄새가 집 안 전체에 퍼져 있고 정갈하게 누워 있는 재료들로 김밥을 싸고 있는 엄마의 모습이 기억난다. 엄마 옆에서 주워 먹는 꼬다리가 제일 맛있다고는 하지만 나는 어쩐지 김의 질긴 식감이 별로라 가운데 부분을 더 좋아했다.

엄마의 김밥은 친구네 집 김밥보다 늘 크기가 작았다. 재료들을 더 얇게 자르고 꾹꾹 눌러 말아 만들었기 때문이다. 또래보다 체구도 작고 입도 짧고 식감에도 예민한 나를 위해 그런 것 같다고 생각했는데, 엄마에게 직접 물어보니 김밥이 너무 크면 먹을 때 재료가 후두두 떨어지는 게 싫어서 그랬다고 한다. 깔끔한 것을 좋아하는 엄마답다.

김밥은 재료 하나가 빠져도 대부분 비슷한 맛이 났는데 아무래도 그 비결은 밥의 양념이다. 엄마는 오직 김밥을 싸기 위해 밥을 새로 하고, 갓 지은 밥에 참기름과 깨, 맛소금을 사용해 간을 했다. 그 밥은 밥만 먹어도 맛있을 정도다. 밥에 양념이 되어 있는 맛있는 김밥만 먹고 자랐더니 사회에 나와 처음 다른 김밥을 사 먹었을 때 아쉬웠던 기억이 있다. 김밥은 모두가 다들 자기네 집 김밥이 맛있다고 하는 이유 중 하나가 아닐까 싶다.

나도 김밥을 쌀 땐 엄마를 따라 밥을 항상 새로 하고 엄마가 쓰던 양반구운김밥 김을 사용한다. 한 줄로 들어갈 재료도 한 번 더 썰어 엄마가 싸던 그 방식으로 나누어 넣어준다. 이렇게 하면 맛이 좀 더 섬세해지는 느낌이다. 단무지가 크게 '둥' 하고 느껴지기보다, 다른 재료와 조화롭게 씹혀지는 것 같달까.

준비물

갓 지은 밥, 김밥용 김, 김밥용 햄, 어묵, 단무지, 계란, 맛소금, 깨, 참기름, +-시금치나 당근

1 불려놓은 쌀을 안쳐 새 밥을 짓는다.

2 열 줄로 된 김밥용 햄은 스무 줄이 나오도록 세로로 잘라 팬에 굽는다.

3 사각 어묵 두 장을 열 번 칼질해 스무 줄로 만들어 팬에 굽는다. 어묵을 좋아한다면 세 장을 집어서 서른 줄을 만들어도 된다.

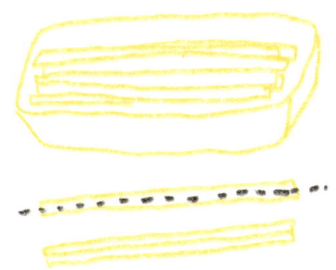

4 단무지도 똑같다. 열 줄을 집어 반으로 갈라 스무 줄이 되게 잘라 둔다.

5 볼에 계란 세 개를 풀어 알끈을 제거하고 저은 다음, 맛소금으로 간을 해준다.

6 계란지단 두 장을 부친 뒤 열 줄로 잘라 둔다. 세 장을 부쳐서 서른 줄을 만들어도 된다.

7 갓 지은 밥에 참기름과 맛소금 그리고 깨를 넣어 밥만 먹어도 맛있을 정도로 간을 해 섞어 둔다.

8 물기 없는 마른 쟁반에 김을 깔고 그 위에 밥도 얇게 깔아준다.

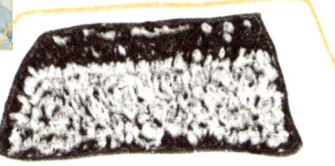

9 시금치나 당근이 있으면 넣어도 되지만 없어도 괜찮다.

10 모든 재료를 함께 넣고 만다. 다섯 줄 정도 말았을 때 한 줄 잘라 먹어보고 진실의 미간을 좁히면서 흠~ 소리를 내본다. 김밥을 주워 먹으며 나머지 다섯 줄을 더 싸고 마무리한다.

장 미 자 김 밥

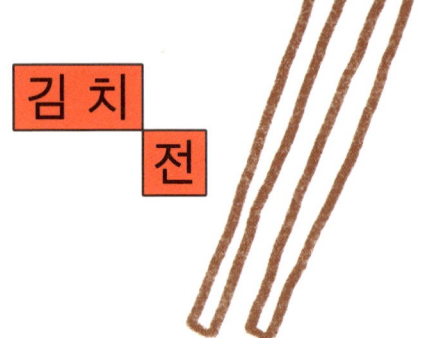

김치전

나는 김치를 좋아한다. 글쎄, 왜 김치를 좋아할까. 생각해 본 적은 없지만 아마 친숙해서. 엄마가 "밥 차렸으니까 밥 먹어"라고 해서 나가 보면 식탁 위에 배추김치, 무김치, 열무김치, 생채, 파김치가 한꺼번에 차려진 날도 있었다. 입맛 없는 날은 보리차에 밥 말아서 잘 익은 김치 하나만 얹어도 끼니가 가능하다.

특히 어릴 때부터 간식으로 노릇노릇하고 바삭한 김치전을 즐겨 먹었는데, 고등학교 시절에는 은박지로 포장한 김치전을 학교에 싸가지고 다니기도 했다. 친구들과 김치전을 나눠 먹겠다는 의지로 사람 많은 아침 버스 안에서 한 시간 내내 쿰쿰한 냄새를 풍겼고, 아침 조회가 끝나면 교실 뒤 사물함 위에서 차게 식은 김치전을 손으로 뜯어먹었다. 다른 전은 따듯할 때 먹어야 제맛이지만 김치전은 식어도 그 맛이 좋다. 학교에 간식으로 그런 것을 싸 오는 이상한 여고생은 나뿐이었기 때문에 김치전은 늘 인기가 좋았다. 기름으로 반짝이는 손가락을 계속 닦아가며 친구들과 맛있게 먹었던 기억을 잊을 수 없다.

혼자 김치전을 해 먹을 때면 아침마다 가방에 김치전 도시락을 넣어준 엄마 생각이 났다. 체력이 약한 딸이 밥도 안 먹고 비실비실 다니니 그 바쁜 와중에도 김치전을 부쳐 가방에 넣어준 것이다. 언젠가 나도 학교 가는 딸을 위해 김치전을 부쳐줄 수 있을까.

준비물

잘 익은 신김치, 양파, 물, 김칫국물, 부침가루, 카놀라유, +-설탕

1️⃣ 잘 익은 김치와 양파를 잘게 썰어준다.

2️⃣ 썰어 둔 김치와 양파를 볼에 넣고 부침가루를 넣어준다.

3 김칫국물도 한 국자 넣어준다.
집에 있는 김치가 너무 맵거나 시면
설탕을 조금 넣어준다.

4 물을 넣고 섞은 뒤 반죽의
눈치를 본다.

5 반죽 농도가 마음에 들 때까지
고개를 갸웃거리며 부침가루와
물을 추가한다.

김치전

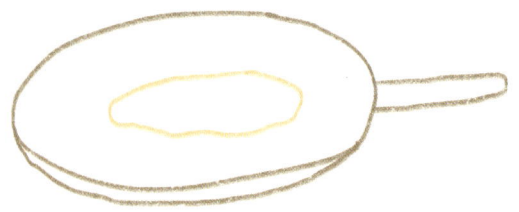

6 팬에 기름을 넉넉히 두르고 가스 불을 켠 다음 팬의 온도가 올라올 때까지 기다린다.

7 팬에 반죽을 한 국자씩 떠 넣은 뒤

8 평평하게 펴준다.

9 전이 기름에 튀겨지는 소리를 듣다가 김치전 윗면의 반죽이 조금 굳으면 뒤집어준다.

10 뒤집개로 반죽을 눌러가며 구워준다. 그대로 두면 김치전이 빵처럼 두꺼워질 수 있으므로 부지런히 누른다. 반죽을 누르다 찢어져도 상관없다. 찢어진 부분에 기름을 부으면 바삭바삭해진다. 보기에는 별로지만 어디를 먹어도 가생이 맛이 나서 좋다.

마요네즈 과일 사라다

두이스 집밥 요리집

이십 대 초반에 동생과 함께 엄마의 생일상을 차린 적 있다. 둘 다 본가에서 나와 따로 살던 시기였고, 또 내가 누군가의 아내나 엄마가 아닌 온전히 장미자의 딸일 때였다. 엄마가 우리에게 차려주던 생일상에는 늘 마요네즈과일사라다가 올려져 있었기 때문에 동생과 나 역시 사라다를 만들었다. 껍질이 벗겨진 메추리알을 사는 방법도 있었지만 내키지 않아 직접 삶은 뒤 일일이 껍질을 깠다. 메추리알 껍질을 하나하나 까는 건 여간 어려운 일이 아니었다. 그래도 까놓은 메추리알이 아기 궁댕이처럼 토실하고 탱탱해서 굉장히 귀여워했던 기억이 난다.

엄마의 생일상을 차려준 일도 참 오래전이다. 아이 둘을 기르는 지금은 그렇게 차릴 만한 시간이 없다. 아무래도 그때여서 가능하지 않았나 싶다. 마요네즈과일사라다는 왠지 샐러드라는 단어가 어울리지 않아 나는 꼭 사라다라고 부른다.

준비물

메추리알, 집에 있는 과일들(사과, 귤, 감 등), 건포도, 땅콩, 마요네즈

1️⃣ 냄비에 물과 메추리알 15개 정도를 넣고 삶아준다.

2️⃣ 삶는 동안 사라다에 넣을 과일들을 한입 크기로 썰거나 쪼개준다. 과일을 다양하게 넣을수록 맛이 배가된다. 사과는 미리 깎아 두면 색이 변하기 때문에 일단 놔둔다.

3️⃣ 다 삶아진 메추리알을 꺼내고, 껍질을 까서 볼에 담아 둔다.

4 준비해 둔 과일을 볼에 넣고
사과도 깎아 넣어준다.

5 땅콩이 있다면 넣어준다.
식감을 살리는 데 좋다.

6 마요네즈를 충분히 짜고 메추리알이
다치지 않도록 조심히 섞어준다.

7 젓가락으로 콕콕 집어 먹는다.

애호박전

한입에 넣고 설겅설겅 씹는, 얇고 흐물흐물한 애호박전을 좋아한다. 애호박전이 두꺼우면 맛이 없다고 말하는 엄마의 애호박전은 늘 얇았는데, 다른 사람의 애호박전을 먹기 전까지는 모든 애호박전이 다 얇은 줄 알았다.

애호박전은 애호박을 얇게 써는 데 시간을 할애하는 것이 제일 중요하다. 그 애호박에 부침가루를 얇게 묻히는 것도. 두껍게 썰어 부친 건 서걱서걱 씹는 맛이 강해서 애호박의 느낌이 너무 난다. 애호박을 얇게 썰면 팬 위에서 익는 시간도 짧아지니 얇게 써느라 보낸 시간도 보상받는 느낌이다. 애호박은 가능한 한 많이 썰수록 좋다. 많이 썬 것 같아도 부쳐내면 얼마 없다. 부치면서 다 집어 먹기 때문에.

준비물

애호박, 계란, 쪽파, 부침가루, 맛소금, 카놀라유

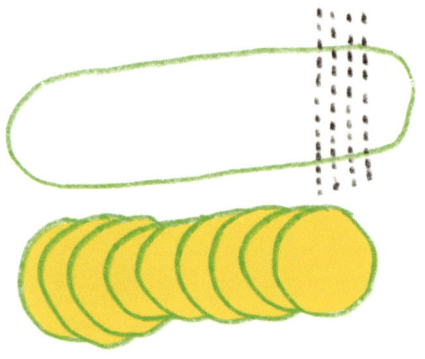

1. 애호박을 2~3mm의 두께로 얇게 썰어준다. 어렵지만 집중해서 자른다. 애호박전 만드는 것은 애호박을 얇게 자르는 시간이 대부분이다.

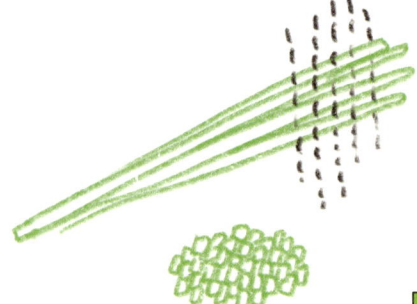

2. 쪽파도 송송 썰어 둔다.

3 자른 애호박의 양면에 부침가루를 얇게 묻혀 둔다.

4 약한 불에 팬을 올려 미리 달궈준다.

5 볼에 계란 두 개를 깨어 섞고, 다진 쪽파와 맛소금을 넣어 계란물을 만든다.

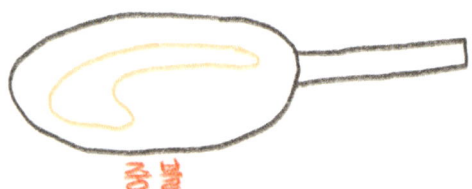

6 팬에 기름을 두르고 약한 불에서 중불로 바꿔준다.

7 부침가루 묻힌 애호박을 계란물에 담갓다가

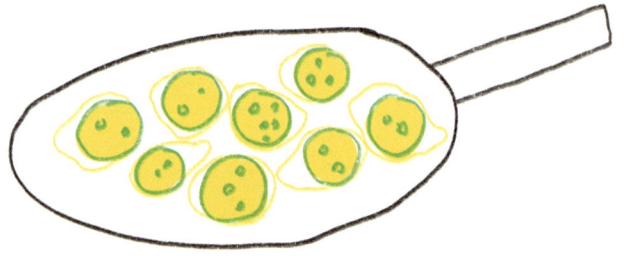

8 팬 위에 올려준다.

9 지글지글 맛있는 소리가 나면서 전의
앞뒷면이 노르스름해지면 꺼내준다.
얇게 썬 애호박은 금방 익기 때문에
앞에서 잘 기다리도록 한다.

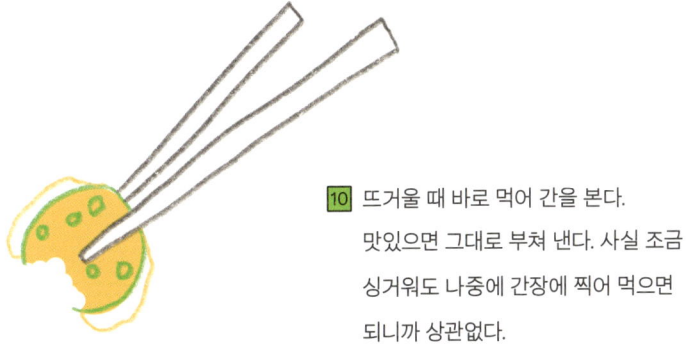

10 뜨거울 때 바로 먹어 간을 본다.
맛있으면 그대로 부쳐 낸다. 사실 조금
싱거워도 나중에 간장에 찍어 먹으면
되니까 상관없다.

부대라면
부심

라면에 늘 진심이었던 우리 아빠에게는 고추장라면이라는 특이한 레시피가 있었다. 냄비에 잘게 부순 면을 넣고 분말 수프 조금과 고추장을 풀어 끓이는데, 젓가락을 쓰지 않고 숟가락만으로 먹을 수 있는 라면이었다. 가끔 만두소를 넣고는 했으나 중요한 건 라면을 부숴서 끓인다는 점이다. 아빠가 끓여준 것도 맛있지만, 김치를 좋아하는 나는 고추장 말고 김치로 간을 해서 부대찌개처럼 만들어 먹는다.

　　김치는 주름진 이파리 부분을 쓰고, 라면은 너무 조각나지 않도록 적당히 부수는 것이 좋다. 부대부심라면의 핵심은 비엔나 소시지를 얇게 써는 것인데, 가능한 한 얇게 썰어야 익었을 때 동그랗게 말린다. 어쩌다 마음이 급해 두껍게 썰어버리면 내가 끓여 놓고도 비엔나 소시지에 손이 안 간다.

　　또 중요한 건, 비엔나 소시지와 콩나물은 꼭 같은 브랜드를 사용해야 한다는 것이다. 나는 주로 풀무원을 쓴다. 경주에서 식당을 운영할 때 있었던 일인데, 그때 직원으로 일했던 민기가 서로 다른 브랜드의 비엔나 소시지와 콩나물로 이 라면을 끓인 적이 있다. 콩나물은 원래 쓰던 것보다 조금 두꺼웠고, 그날따라 민기가 많이 배고팠는지 비엔나 소시지를 너무 대충 썰어서 내가 좋아하는 미묘한 맛이 나지 않았다. 음식은 식감에서 오는 맛도 중요하다고 생각하기 때문에 비엔나 소시지 얇게 썰기는 지켜주는 게 좋다. 요리는 솔직하기 때문에 정성을 쏟은 만큼 맛있어진다.

준비물

매운 라면, 비엔나 소시지, 김치, 콩나물, 물

1️⃣ 집에 있는 매운 계열 라면 하나를 골라
면을 부숴준다. 너무 부수면 가루가
되어버리니 적당히 부수도록 한다.
원래 적당한 것이 제일 어렵다.

2️⃣ 김치는 칼까지 꺼낼 건 없고 가위로
쫑쫑 다져 반 공기 정도 준비해 둔다.

3️⃣ 비엔나 소시지는 5개 정도 얇게 썰어
둔다. 최대한 얇게 썰어야 익혔을 때
동그랗게 말린다.

4 콩나물은 한 줌 잡아 물에 씻고 손으로 뜯어 둔다. 숟가락으로 퍼먹기 좋을 정도의 짧은 길이면 된다.

5 평소 라면 끓일 때보다 물을 좀 더 넣은 다음, 건더기 수프와 분말 수프 그리고 김치와 비엔나 소시지를 넣고 끓여준다.

6 끓기 시작하면 콩나물을 넣는다. 조금 기다리다가 부수어 둔 라면도 탈탈 털어 넣고 끓여준다.

7 원하는 정도로 면이 익으면 불을 끈다. 숟가락 하나만 들고 뜨거울 때 간단하게 먹는다.

두이스 이야기

사회생활을 시작하며 혼자 살다 보니 점점 유통기한이 임박한 재료들에 떠밀려 요리하게 됐다. 엄마 집에 살면서 엄마가 끓여주는 콩김두나 먹으며 살 때가 좋았지. 그런데 혼자 해먹다 보니 신기하게 나만의 요리 방식도 생겼다. 엄마를 따라 아무 생각 없이 사용해 온 제품을 바꿔보거나 엄마는 그냥 두는 계란 알끈을 꼭 제거하는 것이다. 언젠가부터 계란찜 정도는 내가 한 게 엄마 것보다 낫다고 생각한 적도 있다. 물론 지금도 그렇게 깊은 맛의 콩김두는 끓여내지 못하지만. 뭐랄까, 내가 만든 콩김두는 아직 젊은 맛이 난다. 연륜이 없다. 아무래도 콩김두만큼은 엄마가 영원히 끓여줬으면 좋겠다.

요리사인 남편과 결혼해 함께 식당을 운영하면서도 변화가 생겼는데, 특히 사용하는 식재료의 폭이 넓어졌다. 남편은 요리사지만 집에서는 요리를 잘 안 해준다. 남편이 요리사라고 하면 늘 받는 질문이기에 미리 대답해 둔다. 요리사들도 사람인지라 밖에서는 남을 위해 요리해도 집에선 쉬고 싶어 하는 것 같다.

된장찌개

자취생 시절의 나는 왠지 김치찌개가 어려워 된장찌개를 많이 끓여 먹었다. 된장찌개를 만드는 날이면 여러 반찬은 필요 없고 갓 지은 밥에 김치면 그만이다. 졸업 후 바로 사회생활을 시작했던 디자인 회사는 야근이 잦았고, 피곤한 날에는 고염분이 필요해서 찌개에 밥을 비벼 김에 싸 먹고는 했다. 밥과 찌개의 열기에 김이 축 늘어지기 전 한입에 홀라당 먹는 재미가 있었다.

된장찌개 육수를 낼 때 가장 중요한 것은 멸치의 똥이다. 경주에 살 때였나, 길을 걷다가 멸치의 진한 향이 가게 밖으로 흘러나오는 국숫집을 만난 적이 있다. 이 집은 진짜라는 기대감으로 가득 차서 홀린 듯 가게에 들어갔는데, 받아본 국수에서는 씁쓸한 맛이 났다. 멸치 똥을 떼지 않은 것이다. 그전에도 멸치 똥을 열심히 떼는 편이었지만 그 이후로 멸치 똥 떼는 걸 더 신경 쓰고 있다.

식당에서 첫 직원을 구하려고 면접 봤던 날이 떠오른다. 그날 내가 한 질문 역시 '멸치 육수를 넣을 때 멸치 똥을 떼는가'였다. 면접을 보러 온 그 친구는 꼭 그렇게 한다고 대답했고, 그렇게 우리 직원이 됐다. 멸치 똥을 떼는 걸 누가 가르쳐주었냐고 물었더니 어머니라고 답을 해 어머니께 꼭 감사드리라고 했다.

준비물

국물용 멸치, 시판 된장, 집 된장, 부침용 두부, 애호박, 양파, 새송이버섯, 물, 다진 마늘, 고춧가루, 된장만으로 2% 부족하면 연두나 다시다 추가, +-청양고추

1️⃣ 먼저 뚝배기에 물을 넣어준다.
야채와 두부가 들어가면 국물이
차오르니 삼분의 이 정도가 좋다.

2️⃣ 똥을 반드시 제거한 국물용 멸치
몇 마리와 다진 마늘 한 스푼을
넣어준다. 칼칼한 맛을 내고
싶다면 청양고추 두 개도 쏭쏭 썰어
넣어준다.

3 육수가 천천히 우러나기를
기다리며 약불로 켜 둔다.

4 두부를 깍뚝 썰어 둔다. 애호박,
양파, 새송이버섯도 두부 양에 맞춰
깍뚝 썰어 둔다.

된 장 찌 개

5 잔잔히 우러나 있는 육수를 확인한
뒤, 쓰임을 다하고 비실비실해진
멸치를 건져준다.

6 육수에 시판 된장과 집 된장을
1대 1.5의 비율로 체에 걸러
풀어준다. 집 된장이 없으면 시판
된장 큰 두 스푼을 넣는다.

7 자른 야채와 두부를 모두 넣고
젓다가 국물이 더 끓으면

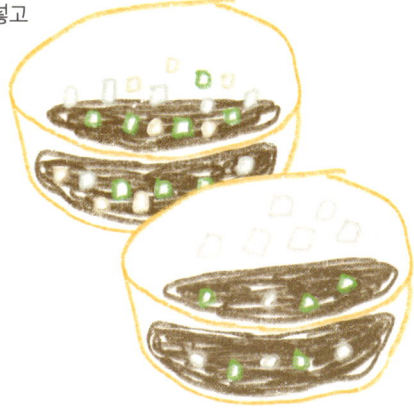

8 고춧가루 반 스푼을 넣고
조심히 저어준다.

9 간을 본다. 맛있으면 그대로 조금 더 끓여 내고 어딘가 부족하다면 다시다를 넣거나 된장을 더 풀어 넣은 뒤 한 번 더 끌여 완성한다. 그래도 애매한 맛이 난다면 망한 것이니 1번으로 되돌아가 국물을 덜 잡아보고 다시 끓인다.

두이스 개 복음밥

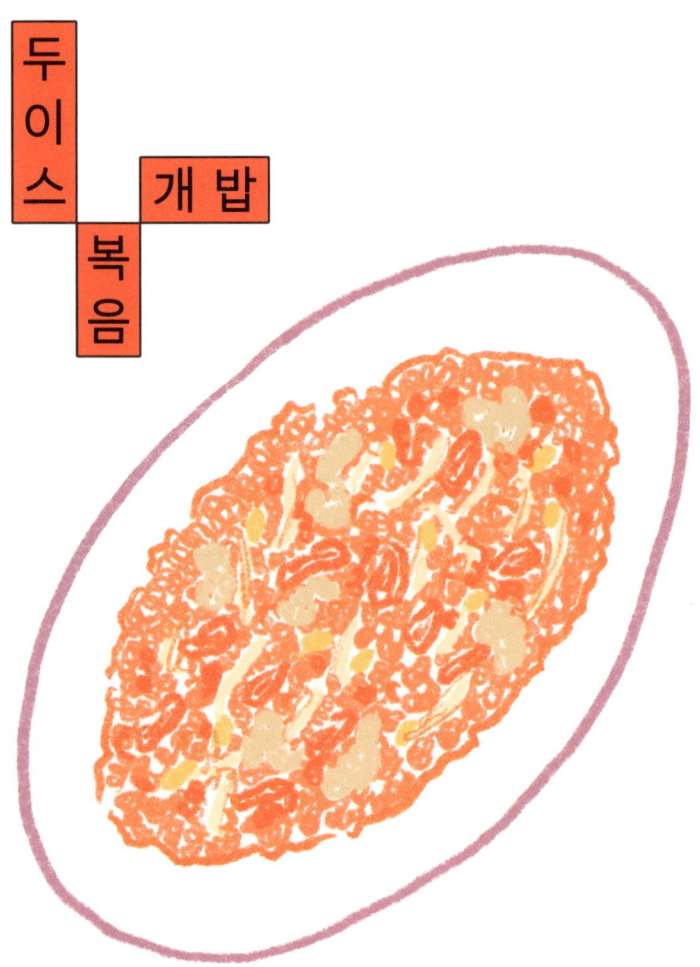

새로운 곳으로 이사를 가면 우선 분식집을 뚫는 편이다. 그리고 김치볶음밥을 시켜서 그 집을 평가하곤 한다. 밥 지어진 상태로 김밥 맛을 예상해 볼 수 있고, 간의 정도에 따라 다른 음식의 전반적인 맛을 가늠해 볼 수 있기 때문이다. 새로운 가게를 평가할 기준이 될 만큼 나는 김치볶음밥을 좋아한다.

이 레시피가 탄생한 것도 집에서 김치볶음밥을 해 먹은 날이었다. 냉장고에 두부와 콩나물이 있길래 별 생각 없이 함께 넣었는데, 만들어 먹은 것 중에 제일 맛있었다. 새로운 식재료가 들어가는 만큼 간장, 고추장, 설탕으로 나름의 양념을 해서 볶은 게 한 수였다. 신나는 마음으로 사진을 찍어 동생에게 보냈더니, 동생이 개밥을 먹은 거냐고 물어서 그 이후로 복음개밥이라 부르게 됐다. 음식이나 사람이나 겉모습만 보고 판단하는 버릇은 역시 좋지 않다. 물론 나는 가지무침이 너무 못생겨서 먹지 않았지만. 사람이 이렇게 혼란스럽다.

생긴 모습과는 달리 아삭아삭한 콩나물 사이에서 부드럽게 바스러지는 두부의 식감이 아주 다채롭다. 같은 재료지만 콩김두는 슴슴하고 담백한 반면, 복음개밥은 양념이 더해져 훨씬 쎈 맛이다.

준비물

잘 익은 김치, 콩나물, 두부, 밥, 간장, 고추장, 설탕, 다시다, 들기름, +-김칫국물

1 콩나물 한 줌을 씻어서 물기를 뺀 뒤 먹기 좋은 크기로 뜯어 둔다.

2 김치는 가위로 쫑쫑 썰어 둔다. 도마까지 꺼낼 필요 없고 밥그릇에 넣어 자르면 편하다.

3 두부도 잘라 둔다.

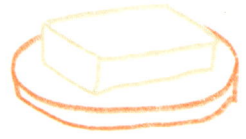

4 약한 불에 냄비를 올리고 들기름 한 스푼 넣은 다음 김치를 너어준다.

5 다시다와 설탕도 넣고 김치와 함께 볶아준다.

6 김칫국물이 있다면 반 국자 정도 넣어준다. 없으면 없는 대로 한다.

두 이 스 복 음 개 밥

7 김치가 맛있는 황금색이
되었다면 콩나물을 넣어준다.

8 간장 한 스푼, 고추장 반의반 스푼도
넣고 잘 섞어준다.

9 양념이 끓으면 두부를 넣어
적당히 으깨주고 밥도 넣은 뒤
섬세하게 잘 섞어준다.
볶음밥 성공의 기준은
흰밥이 흰색으로 보이지
않는 것이다.

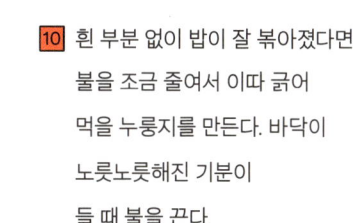

10 흰 부분 없이 밥이 잘 볶아졌다면
불을 조금 줄여서 이따 긁어
먹을 누룽지를 만든다. 바닥이
노릇노릇해진 기분이
들 때 불을 끈다.

두 이 스 복 음 개 밥

단무지 무침

간혹 돈가스집이나 식당에서 단무지무침을 만나면 반갑다. 시판 단무지를 그냥 내어줄 수 있음에도 손으로 무쳐낸 정성을 크게 사는 편이다. 가게에서 생수가 아닌 보리차가 나왔을 때의 느낌과 비슷한데, 그럴 때마다 음식을 주문하기도 전부터 이 집은 맛있을 것 같다고 기대하게 된다.

단무지무침은 어디에나 잘 어울려서 반찬으로 종종 무친다. 사실 반찬이라고 하기에 민망할 정도로 쉬운 요리지만, 느끼한 음식이나 면 요리와 함께 먹으면 정말 맛있다. 포인트는 쭈글쭈글한 꼬들 단무지를 사용하는 것이다. 오득오득한 식감이 평평한 단무지보다 훨씬 재밌고, 구겨진 단무지 사이로 양념이 배어 더 맛있다. 김장을 하는 날이면 고기를 삶아 수육을 먹듯, 단무지를 무치는 날이면 라면을 끓여 같이 먹어준다.

준비물

꼬들 단무지, 쪽파, 깨소금, 고춧가루, 들기름

1 꼬들 단무지의 물기를 짜내고 볼에 담아준다.

2 다진 쪽파 두 스푼, 깨소금 한 스푼, 들기름 한 스푼, 고춧가루 반 스푼을 넣고

3 조물조물 무쳐 완성한다.

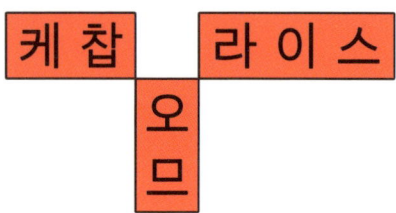

내 기억 속 오므라이스는 볶음밥에 계란지단이 올라가고 그 위에 케찹이 부려진 모습이었다. 어른이 되어 일본 여행에 가서야 내가 먹어 온 오므라이스는 야채볶음밥에 가깝다는 것을 알게 됐다. 아무렴 어떤지. 지금도 오므라이스를 만들 때면 여전히 엄마의 방식으로 만들어 먹는다.

야채 다지기에 시간을 쏟을 여유가 없기 때문에 자주 만들지는 않지만, 준비하는 그 시간이 좋아 나를 위한 보상처럼 해 먹는다. 냉장고 속 자투리 야채가 많을수록 등 떠밀리게 되는 건 좀 그렇지만.

내가 야채 다듬는 시간을 좋아하는 이유는 마음이 평온해지기 때문이다. 재료에 집중해서 얇게 채 썰고 작게 다지는 그 시간은 마치 행동으로 하는 명상 같다. 요즘은 믹서가 잘 나와서 짧은 시간에도 야채를 다질 수 있지만, 믹서로 다지면 야채 특유의 형태가 없어져 마음에 내키지 않는다. 작고 네모나게, 정성을 다해 자른 야채가 주는 식감과 맛이 있다. 야채는 볶다 보면 크기도 줄어들고 서로 어우러져 먹을 수 있을 만큼의 양이 되므로 조금 많은가 싶을 정도로 준비하는 게 좋다. 다지고 볶는 데 시간은 꽤 걸리지만 모든 걸 마치고 먹는 한입은 완성도가 매우 높다.

계란지단은 볶음밥을 빈틈없이 가릴 수 있을 정도의 크기로 부친다. 얇고 크게 부쳐내는 게 어렵다면 두 장으로 만들어 넉넉히 감싸준다. 두꺼운 지단 한 장보다 얇은 것 여러 장이 더 맛있다. 요리는 공정을 더할수록 그만큼의 맛을 내어주기 때문에 귀찮더라도 하면 좋은 것들이 많다.

준비물

밥, 애호박, 새송이버섯, 양파, 계란, 김밥용 햄, 맛소금, 후추, 케찹, 카놀라유, +-어묵이나 맛살, +-냉장고 속 자투리 야채

1. 애호박은 삼분의 일 정도 잘게 다져 둔다. 얇게 채 썬 다음 그 채를 작게 다지는 순서로 하면 된다.

2. 새송이버섯도 잘게 다져 둔다.

3. 양파도 다져 둔다.

4 냉장고에 있는 오늘내일하는
다른 채소도 같이 썰어 둔다.

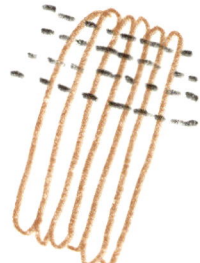

5 김밥용 햄도 잘게 다져 준비한다.
어묵이나 맛살이 있다면 함께
다져도 좋다.

6 깊은 팬에 기름을 두르고
중간 불로 달궈준다.

케찹오므라이스

7 팬에 야채들을 넣고 맛소금과 후추로 간을 하며 야채만 먹어도 맛있을 정도로 볶아준다. 야채를 볶을 땐 그라인더를 사용해 갈아주는 서양식 후추보다 집에 늘 있는 노란 뚜껑 후추와 맛소금으로 볶는 게 더 어울리는 것 같다.

8 너무 많아 보였던 야채들이 숨이 죽고 조용해지면 밥을 넣어 마저 볶아준다.

9 알끈을 제거한 계란 두 개를 섞어서 지단으로 부친다. 볶음밥을 전부 감싸려면 두 개로 만드는 게 좋다.

10 다 볶아진 볶음밥을 좋아하는 그릇에 옮기고 계란지단으로 잘 감싸준다. 그 위에 케찹을 뿌려 완성한다.

간장 두부 조림

지금도 두부를 좋아하지만 어릴 때는 엄마가 두부공장에 시집가라고 할 정도로 두부를 좋아했다. 두부는 맛이 밍숭맹숭해서 어디에 넣어도 모나지 않게 어우러지는 식재료다. 나는 종종 두부부침을 밥으로 삼아 끼니를 때우기도 하고, 두부조림에 슴슴한 나물 하나면 한 끼 해결이 가능한 편이다.

빨간 양념으로 만든 두부조림도 맛있지만 나는 간장으로 조린 두부를 더 좋아한다. 세상에 빨간 두부조림이 있다는 걸 알기 전까지 나에게 두부조림은 언제나 까만색이었기 때문이다.

간이 골고루 배도록 하는 게 중요하기 때문에 넓고 얇은 냄비를 사용하도록 한다. 국물이 자박자박해질 때까지 조려내면 색은 사나워도 맛은 그렇지 않다.

준비물

부침용 두부, 조림용 간장, 물, 다진 마늘, 파, 고춧가루, 깨, 들기름, 카놀라유

1 팬에 기름을 넉넉히 두르고
중간 불로 달궈준다.

2 두부를 직사각형으로
잘라 둔다.

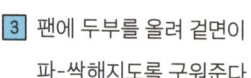

3 팬에 두부를 올려 겉면이
파-싹해지도록 구워준다.

두이스 집밥 요리집

4 조림용 간장 반 컵, 물 반 컵, 다진 마늘 반 스푼, 송송 썬 파 한 줌, 고춧가루 반 스푼, 깨 반 스푼, 들기름 한 스푼을 한데 섞어 양념을 만든다.

5 파-싹하게 구운 두부를 넓고 얇은 냄비에 깐다. 양념을 부은 뒤 약한 불에 조려낸다. 너무 짜게 조려질 수도 있으니 계속 눈치를 보고 입맛에 따라 간을 보며 완성한다.

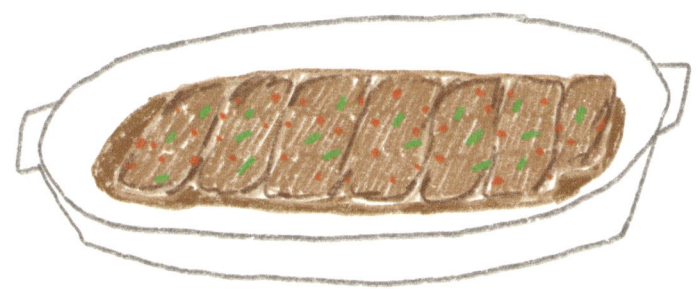

간장 두부조림

편식 카레

감자와 양파만 넣고 만든 노란색 카레를 좋아한다. 오뚜기 카레로 만든 거. 하지만 양심에 찔려 주황색을 더해줘야 할 것 같은 날이 있다. 그런 날에는 카레에 당근을 포함시키기도 한다. 하지만 어쩐지 당근이라는 이름은 그 자체만으로 생당근 특유의 풀 맛이 떠오르기 때문에, 카레에 당근을 넣을 때는 정말 작은 크기로 다듬어서 넣는다. 이렇게 하면 당근이 카레 안에서 완전히 분해되지만 당근을 먹었다는 떳떳함과 영양을 동시에 얻을 수 있다.

나는 카레를 만들 때 모든 야채를 필요 이상으로 준비한다. 나 혼자 먹을 거면서도 감자 1인분, 양파 1인분, 버섯 1인분, 브로콜리 1인분 도합 4인분의 카레를 만드는 식이다. 먹는 입은 하나지만 요리할 때만큼은 이것도 먹을 수 있고 저것도 먹을 수 잇을 것 같은 기분이 든다. 어차피 1인분도 다 못 먹을 뱃구레지만. 언젠가 그렇게 모인 4인분의 야채에 1인분의 카레 가루를 넣고 끓였더니 카레가 한참 모자란 적이 있다. 그 이후부터는 카레 가루와 야채들의 눈치를 조금씩 보며 완성시킨다.

준비물

카레 가루, 감자, 양파, 브로콜리, 새송이버섯, 당근(조금), 물, 맛소금, 후추, 카놀라유

1 감자를 깍뚝 썰고 양파도 깍뚝 썰어둔다.

2 브로콜리도 적당한 크기로 썰어 둔다.

3 새송이버섯도 썰어 둔다.

4 당근은 최대한 작고 작게 썰어 둔다.

두이스 집밥 요리집

5 냄비에 기름을 두른 다음
양파, 감자, 조그마한 당근을
넣고 볶는다.

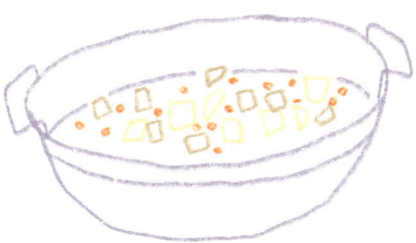

6 맛소금과 후추로 간을
한 번 한다. 브로콜리를 넣고
다시 간을 약간 한다.

7 새송이버섯도 넣고 간을
약간 한다. 야채가
들어갈 때마다 조금씩
간을 쌓아주는 방식인데,
이렇게 하면 간이 차곡차곡
잘 쌓인 맛이 난다.

편식 카레

8 야채를 전부 넣은 다음에는 카레 가루까지 약간 넣고 볶아준다.

9 물 한 컵 정도 넣고 더 볶는다. 물이 줄어든 것 같으면 조금 더 넣고 뒤적인다. 카레 가루를 조금씩 추가한다.

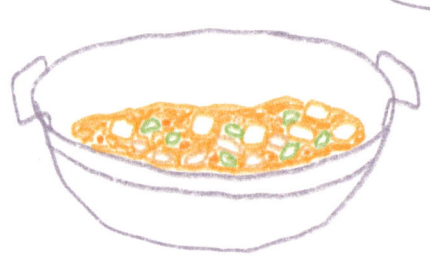

10 눈치를 보며 물을 살살 넣고 카레 가루도 조금씩 더 넣어준다. 익숙한 카레 농도가 되었을 때부터 불을 약하게 줄인다. 카레가 타지 않게 저어 가며 야채를 익혀 완성한다.

11 넓은 그릇에 밥을 푸고 카레를 얹어 먹는다.

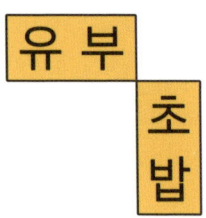

유부초밥

왜 유부초밥은 막상 만들려고 하면 머뭇거리게 되는 걸까. 밥을 새로 지어야
해서 그런 걸까. 엄마는 유부초밥이나 주먹밥을 만들 때도 늘 밥을 새로 지었다.
밥통에 있는 밥이나 냉동 밥을 써도 상관없지만 새로 한 밥만큼의 맛이 나지 않는다.
과정의 미묘한 차이는 완성했을 때 커지기 때문에 나도 엄마처럼 늘 밥을 새로 한다.

    새로 한 밥만 있다면 유부초밥 만들기는 쉬울 것 같지만, 시판 유부의 개수에
맞게 밥을 푸는 것은 나에게 늘 도전이다. 배합초와 후레이크를 넣어 양념한 밥을
유부 주머니 안에 적당히 나눠 넣는 게 은근 어렵기 때문이다. 나름 신중하게
배분했다고 생각했는데, 밥 한 덩이가 덜렁 남아 어리둥절했던 기억이 있다.
이번에는 밥이 딱 맞게 떨어질지 아니면 또 밥이 남게 될지. 매번 약간의 긴장감을
가지고 만들게 된다. 어쩌다 밥의 양을 완벽하게 맞추면 자랑스럽기까지 하다.

    유부초밥을 처음 만들 때는 배합초만 넣었지만 자꾸 손에 붙는 밥알들
때문에 참기름을 살짝 추가해 고소하게 속을 채우게 됐다. 아, 그리고 나는 유부가
담긴 비닐 속에 남은 유부 국물도 밥에 넣어준다.

    완성된 유부초밥은 밥이 좀 식고 나면 집 안을 돌아다니며 소풍 나온 것처럼
집어 먹는다. 64페이지의 단무지무침과 같이 내어 나만의 유부초밥 정식을
만들어도 괜찮다. 나는 어떤 음식을 만들어 먹을 때 '정식'이라는 단어를 붙이는
것을 좋아하는데, 그렇게 하면 평범한 요리도 조금 근사한 느낌이 든다.
군만두를 먹더라도 집에 있는 만두를 종류별로 조금씩 구워 군만두 정식이라
부르고 먹는 것이다.

준비물

갓 지은 밥, 유부초밥 키트, 깨, 참기름

1 쌀을 불려 밥을 새로 짓는다.

2 밥이 다 되면 유부에 들어갈 만큼의 밥을 유부 개수대로 퍼준다.

3 푸고 남은 밥은 냉동 밥 용기에 소분해 나중에 전자레인지로 데워 먹을 수 있도록 한다.

4 유부초밥 키트 안에 있는 배합초와 고명 그리고 집에 있는 깨와 참기름을 넣고, 유부가 담겨 있던 봉지 속 소스까지 조금 부은 다음 밥을 섞어준다.

5 유부 안에 적당량의 밥을 넣어 완성한다.

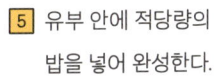

6 그릇에 담아 조금 식힌 뒤 먹는다. 단무지무침이 있다면 함께 내어 놓는다.

유 부 초 밥

샌 두 이 스

계란샐러드샌드위치가 먹고 싶어 만들어 먹은 적 있다. 계란을 삶아 으깨고 자주 쓰는 김밥용 햄과 오이를 썰어 넣어 모닝빵 속을 채웠더니 맛이 꽤괜이었다. 그 이후 여기저기에서 비슷하게 생긴 샌드위치를 파는 걸 봤지만, 역시나 내 입맛에는 내가 만든 샌드위치가 제일 맛있다.

만들어서 먹고 나면 늘 애매한 양의 계란샐러드가 남길래 아예 많이 준비해 집 주변 가게에서 팝업 형식으로 팔기도 했다. 판매용으로 오이 뺀 샌드위치를 만들기도 했는데, '계란샐러드샌드위치는 역시 오이가 들어가야 맛이 좋군' 이런 생각만 들었다. 오이의 향과 오독오독한 식감을 포기할 수 없다.

집에서만 해먹을 때는 남은 계란샐러드를 반찬통에 덜어 보관해 두고, 며칠 내에 모닝빵을 사서 한 번 더 해 먹는다. 모닝빵이 애매하게 남거나 오이를 싫어하는 사람은 바로 다음에 소개하는 양배추샌드위치를 해 드시면 되겠다.

준비물

모닝빵, 계란, 오이, 맛살, 김밥용 햄, 마요네즈, 맛소금, 후추

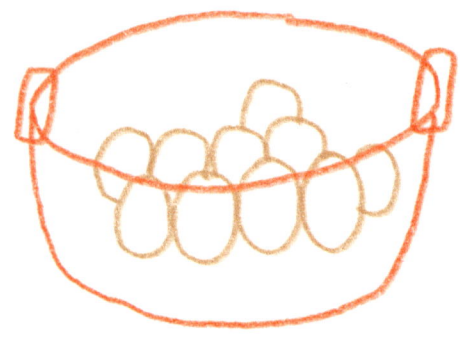

1️⃣ 냄비에 계란 열 개를 넣고 삶아 둔다.

2️⃣ 계란이 삶아지는 동안 다른 재료를 손질한다. 오이의 씨를 빼고 작게 깍뚝 썰어서 키친타월로 물기를 없앤다.

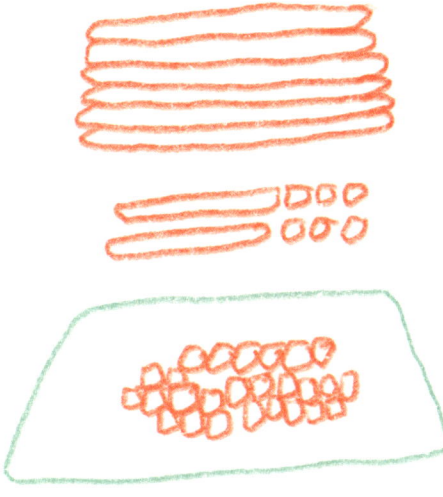

3 맛살도 작게 깍뚝 썰어 둔다.

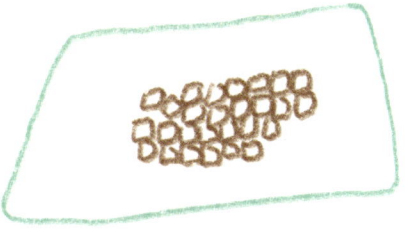

4 김밥용 햄도 깍뚝 썬다.

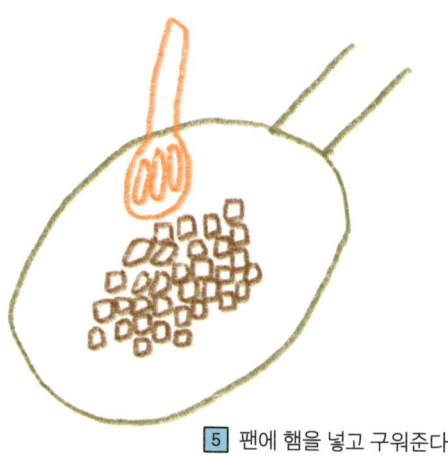

5 팬에 햄을 넣고 구워준다.

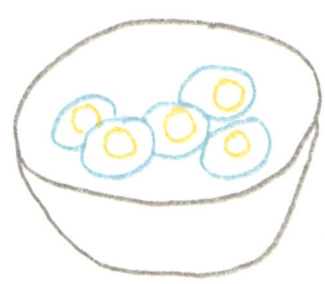

6 삶은 계란을 볼에 담고 으깨준다.
오이, 맛살, 구운 햄까지 넣고
마요네즈를 듬뿍 짠 다음 섞어준다.

두이스 집밥 요리집

7 후추와 맛소금을 적당량 넣어준다.

8 모닝빵의 반을 가르고 준비한 속을 빵 안에 푸짐하게 넣어준다.

9 바로 먹어도 맛있지만 마요네즈가 빵에 스며들어 하나가 된 다음 먹으면 더 맛있다.

양배추 샌두이스

모닝빵 안에 케찹과 마요네즈를 버무린 양배추샐러드를 넣어도 맛 좋은 샌드위치가 된다. 양배추샐러드는 미리 만들어 두면 물이 생기기 때문에 먹을 때마다 한 끼만큼만 버무리는 것이 좋다. 나는 보통 햄도 구워서 넣는다. 사실 케찹과 마요네즈를 함께 먹는 것은 다른 무얼 넣어도 맛이 없을 수가 없다. 케요네즈는 과학이다.

나는 꼭 오뚜기에서 나온 과일과 야채 케찹을 사용한다. 과일과 야채 케찹 안에는 외국에서 온 케찹엔 없는 덩어리가 들어 있어 더 맛잇는 느낌이다.

준비물

모닝빵, 양배추, 김밥용 햄, 케찹, 마요네즈

1 양배추를 채 썰어준다. 씻고 탈수해서 냉장고에 잠시 보관한다.

2 햄을 채 썰어 팬에 구워준다.

3 먹을 만큼의 양배추 채와 구운 햄 채를 볼에 넣고 케찹과 마요네즈로 버무린다.

4 모닝빵을 갈라서 푸짐하게 너어 먹는다.

5 냉장고에 보관한 남은 양배추는 틈틈이 상태를 잘 살피고, 빠른 시일 안에 1번부터 반복해서 먹는다.

가지 애호박 스파게티

가지의 맛을 알면 어른이 된 거라는 말이 있다. 내가 가지의 매력에 눈을 뜨게 된 건 남편의 요리 덕분이었다. 그동안 한국식 가지무침의 흐물흐물한 형태와 먹기 싫은 색만 보고 살다가 남편이 만든 가지라자냐를 먹었는데, 한입 먹는 순간 그동안 가지를 먹지 않았던 세월에 배신감을 느꼈다. 나는 왜 그동안 가지를 먹어보려 하지 않았을까. 글쎄, 손이 갈 만한 비주얼은 아니니까.

남편의 라자냐는 얇게 썰어 튀긴 가지 사이에 토마토 소스와 치즈를 겹겹이 쌓아 만든다. 그리고 그 위에 바삭바삭하게 구운 빵가루를 얹어서 오븐에 요리한다. 야채가 기름을 만나 잘 구워지면 정말 맛있는데, 기름을 충분히 만난 가지의 속살은 버터처럼 부드럽고 담백하다. 남편이라서 하는 말이 아니라 남편의 요리는 첫입부터 마지막 입까지 섬세하다. 일터에서 섬세함을 다 쓰고 와서 집에서는 늘어져 있는 걸까. 아무튼 그렇게 가지를 경험하고 난 뒤로는 샐러드나 스파게티를 만들어 먹을 때도 가지를 넣는다. 가지와 애호박에 오뚜기 스파게티 소스를 넣어 만든 스파게티가 그중 하나다.

이 스파게티의 가장 큰 매력은 식감이다. 나만의 방법인데, 새로운 게 먹고 싶을 때 원래 쓰던 재료를 다른 방식으로만 잘라도 충분히 새로운 맛을 낼 수 있다. 버섯의 경우 결을 따라 세로로 써는 게 아니라 가로로 자르면 씹을 때마다 버섯이 뚝뚝 끈기며 관자를 먹는 것과 비슷한 느낌이 난다. 애호박은 채소계의 비트코인이라 계절에 따라 가격 차이가 크기 때문에, 나는 주로 여름에 이 스파게티를 해 먹는다. 가지와 애호박 모두 여름에 더 맛있기도 하고.

<u>준비물</u>

가지, 애호박, 파스타 면, 양파, 새송이버섯, 베이컨, 마늘, 토마토 소스, 물, 맛소금, 후추, 카놀라유

1 냄비에 파스타 면 삶을 물을 넉넉히 붓고 끓여준다.

2 양파를 작게 다져 둔다.

3 마늘도 얇게 썰어 둔다.

두이스 집밥 요리집

4 새송이버섯은 세로로 반 가른 다음, 자른 면을 바닥에 두고 결 반대로 얇게 썰어 둔다.

5 애호박도 채 썰어 둔다.

6 가지는 세로로 반 잘라 맛소금을 뿌려 둔다.

가지 애호박 스파게티

7 베이컨도 한입 크기로 잘라 둔다.

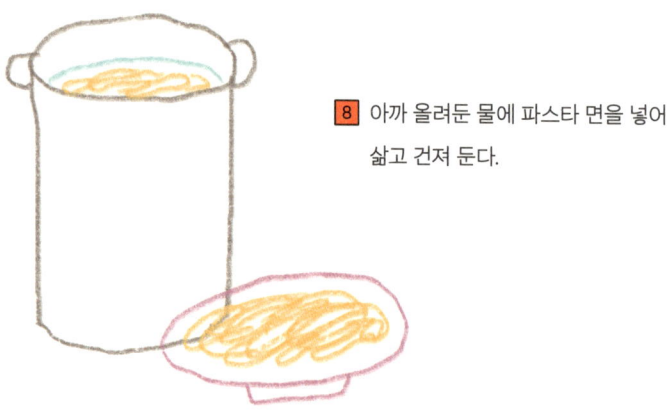

8 아까 올려둔 물에 파스타 면을 넣어 삶고 건져 둔다.

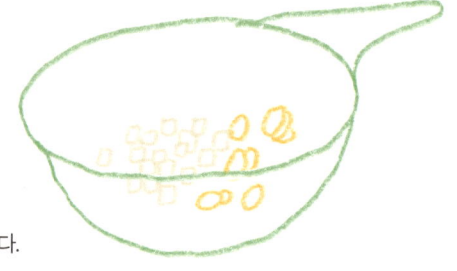

9 깊은 팬에 기름을 두르고, 양파와 마늘을 먼저 볶아준다.

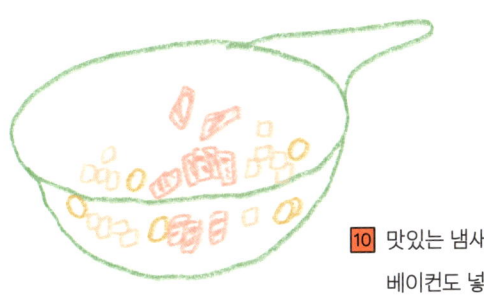

10 맛있는 냄새가 나면
베이컨도 넣어준다.

11 베이컨이 노릇노릇해지면
새송이버섯과 애호박을 넣고
볶아준다.

12 맛소금과 후추로
간을 맞추며 볶아준다.

13 애호박이 노란색이 되면 파스타 삶은 물을 반 컵 정도 넣어준다.

14 면을 넣고 뒤적거리다가 물이 자글자글 끓을 때쯤 토마토 소스를 넣어준다.

15 소스도 자글자글 끓을 때까지 뒤적여준다.

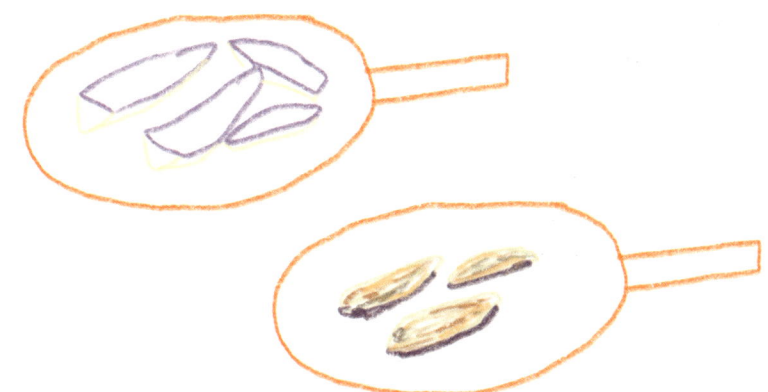

16 미리 소금 쳐 둔 가지는 새로운 팬에 기름을 두르고 구워준다.

17 자글자글 끓은 스파게티를 좋아하는 그릇에 담고 맛있게 구운 가지를 올려 완성한다.

버섯 토스트

노년이 되면 트럭에서 토스트를 파는 할머니가 돼도 좋을 것 같다고 생각한다. 1종 면허는 따 두었으니까 이미 절반은 준비가 되어 있다. 큰 트럭은 아니더라도 라보 정도의 귀여운 트럭을 몰고, 재료를 가득 넣어서 따듯하게 부친 토스트를 파는 할머니로 사는 거다.

토스트용 식빵은 모름지기 프라이팬에 마가린을 넣고 앞뒤 뒤집어 가며 구운 게 제일이다. 버터도 좋지만 마가린이 좀 더 맛있는 것 같은 느낌이랄까. 내가 만든 토스트의 특징은 버섯과 김밥용 햄 그리고 계란까지 한 팬에 구워내는 건데, 특히 햄 채는 기름을 풍부하게 넣어서 튀기듯 부쳐내면 더 맛있다. 기름이라는 존재는 식재료를 만나면 더욱 맛있게 해주는 것 같다. 기름 같은 사람이 되면 좋겠군.

준비물

마가린, 식빵, 새송이버섯, 김밥용 햄, 계란, 설탕, 맛소금, 후추, 케찹, 카놀라유

1️⃣ 새송이버섯 하나를 채 썰어주고

2️⃣ 김밥용 햄도 얇게 채 썰어 둔다.

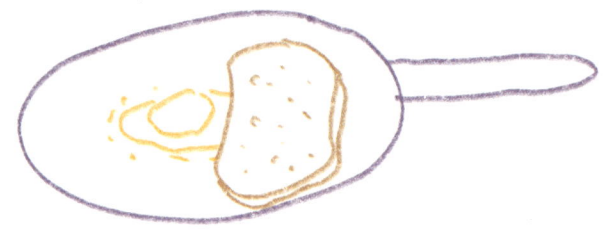

3️⃣ 달군 팬에 마가린을 녹여
식빵 두 쪽을 구워준다.

4 바삭하게 먹고 싶다면
다 구워진 식빵을 텐트 모양으로
세워 식혀 둔다.

5 계란 한 개의 알끈을
제거하고 섞어 둔다.

6 팬에 기름을 두르고 버섯을
볶아준 다음 맛소금과 후추로
간을 해준다.

버섯토스트

7 팬에 있는 버섯을 가운데
모으고 그 위에 계란물을 부어
새송이계란패티를 만들어준다.
새송이버섯 사이 사이를 계란물로
잘 엮어 하나로 만드는 게 중요하다.

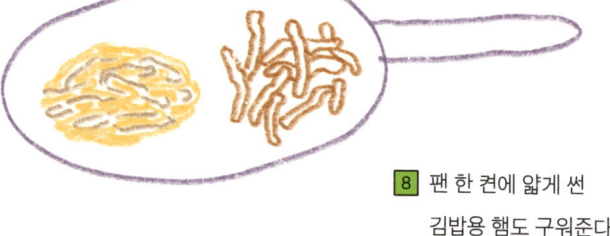

8 팬 한 켠에 얇게 썬
김밥용 햄도 구워준다.

9 식빵에 케찹을 바르고 설탕을 뿌려준다.

10 새송이계란패티를 올리고 햄 채를 얹은 다음, 빵을 닫아 완성한다.

버섯토스트

두이스와
동그래·동그린 이야기

반찬을 만드느라 애들이 잘 먹는 걸 고려하다 보면 내 어린 시절도 떠올리게 된다. 입 짧은 나지만 가끔 먹고 싶은 음식이 생길 때면 엄마에게 해 달라고 했는데, 어쩐지 몇 입 먹다 보면 만족감이 생겨 두세 입 먹고 대부분 남겼다. 그때마다 엄마는 이거 먹을라고 해달라고 한 거냐고 했다. 엄마가 된 내가 요즘 자주 하는 말이다. 특히 첫째 그래는 식감에 예민하고 입이 유독 짧다. 엄마가 맨날 너 같은 딸 낳아서 키워봐라 했는데 진짜 나 같은 딸이 나온 것이다.

시금치 된장국

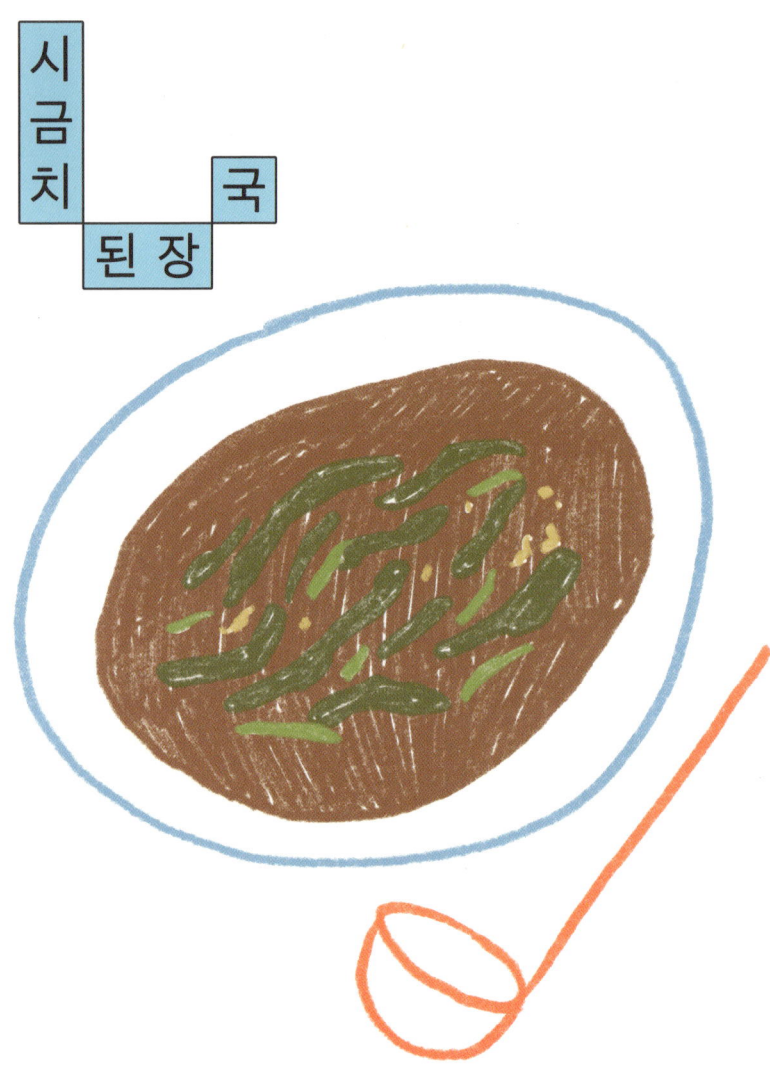

지금에야 먹을 수 있는 나물 개수가 늘어났지만 대부분의 어린이처럼 나도 시금치를 좋아하지 않았다. 색이 문제였을까 식감이 문제였을까. 예외로 된장국 속 흐물흐물하고 색이 칙칙하게 변한 시금치는 곧잘 먹었다. 내 어린 시절의 기억 때문인지, 갓 끓인 시금치된장국은 시금치가 아직 풋풋한 초록빛이라 어색하다. 그래서 일부러 미리 끓여두고 칙칙한 시금치로 변했을 때 먹는다.

된장국을 처음 만들기 시작했을 때는 재료를 모두 다듬어 두고 국을 끓였는데, 육아를 하는 지금은 일단 된장부터 냄비에 때려 넣는다. 육수 먼저 약한 불에 올려두고 재료 다듬기를 시작하는 것이다. 이러면 일의 능률이 좋다. 이렇게 후루룩 끓여낸 풀 죽은 시금치된장국은 잘 익은 김치 하나만 있어도 밥이 술술 넘어간다. 첫째 딸도 시금치무침은 잘 먹지 않지만 국에 풀어진 기력 없는 시금치는 잘 먹는다. 유전의 신비인가 싶다.

준비물

시금치, 재래식 된장, 물, 다진 마늘, 연두, 멸치 가루, 표고버섯 가루, 꽃소금

1 냄비에 물을 넣은 뒤 불을 켜준다.

2 멸치 가루, 표고버섯 가루를 반 스푼씩 너어준다.

3 다진 마늘 한 스푼을 넣고 약한 불에 잔잔하게 육수를 우려준다.

4 육수가 우러나는 동안 시금치를 씻어 다듬어 둔다.

5 육수가 끓으면 된장을 체에 걸러 곱게 풀어준다.

6 감칠맛을 더할 연두 한 스푼을 넣어준다.

7 잘 다듬어 둔 시금치를 넣어준다.

[8] 한 번 끓이고 간을 본다.
싱겁다면 된장을 좀 더 넣어보고
꽃소금으로도 부족한 간을
채워준다. 시금치의 풀이 잔뜩
죽으면 그만 끓인다.

시금치 무침

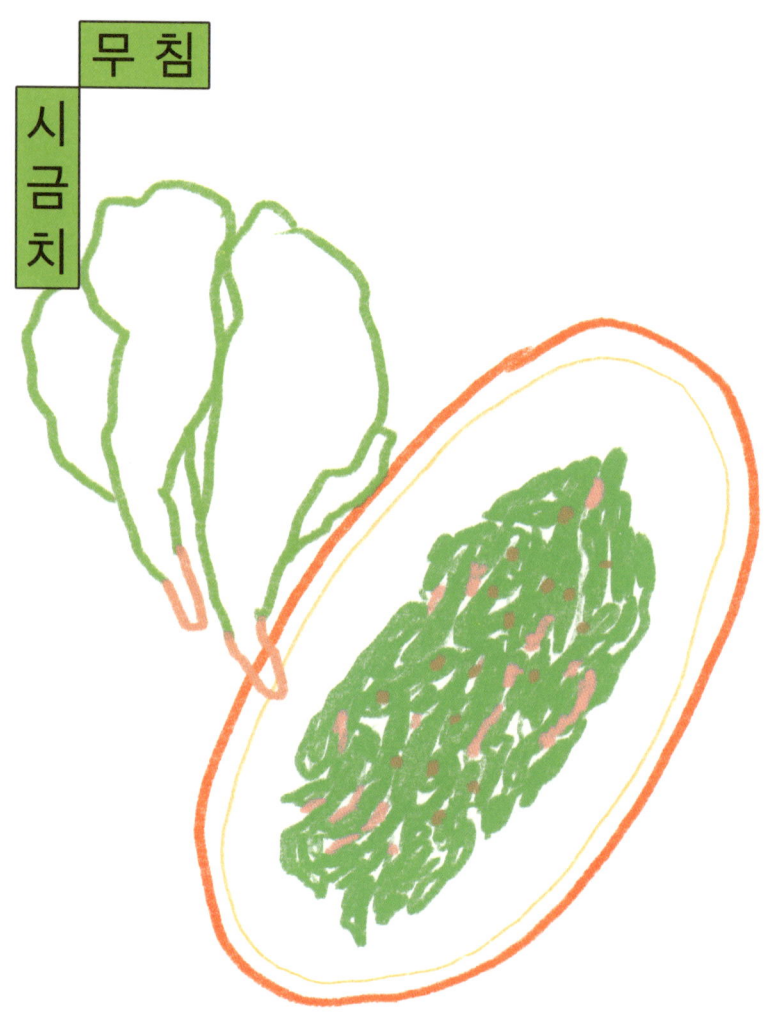

아이들은 역시나 나물을 잘 먹지 않는다. 하지만 시금치무침은 뽀빠이가 먹고 힘을 낼 만큼 건강한 이미지로 내 머릿속에 각인되어 있어 아이들 반찬으로 종종 도전한다. 건강에 좋을 것 같은 걸 먹여보려는 엄마의 마음이다.

시금치는 뿌리가 불그스름한 것을 고르는데, 이게 들큰하니 맛있고 모양이 짧뚱해서 요리하기도 좋다. 물론 아직 시금치 삶는 시간을 잘 몰라서 어쩔 때는 식감에 실패하기도 한다. 그래도 큰 상관은 없다. 오래 삶아 물러지면 물러진 대로 먹고 덜 삶아져서 푸릇한 풀 맛이 나면 그런대로 먹는다.

무침은 한 번 만들 때 여러 가지 반찬을 만들 수 있어서 편리하다. 무침이 될 채소 여러 개를 다듬고 삶아서 순서대로 잘 무쳐내면 끝이다.

준비물

시금치, 물, 다진 마늘, 맛소금, 깨, 다시다, 들기름

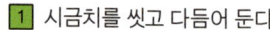 시금치를 씻고 다듬어 둔다.

2 냄비에 물을 넣고 끓이다 시금치를 넣어준다.

3. 2분 언저리쯤 기다리다가 생기 잃은 시금치를 채반에 쏟고 찬물에 헹구어준다.

시금치무침

[4] 시금치의 물기를 쭉 짜고 볼에 넣은 뒤, 다진 마늘 반 스푼과 들기름을 넣어 조물조물 무쳐준다. 들기름을 많이 넣으면 더욱 고소하다.

[5] 본인 입맛에 맞을 때까지 다시다와 맛소금으로 간을 해준다.

6 깨를 넣고 한 번 더 무쳐준다.
깨는 바로 뿌리는 것보다
한 번 갈아서 뿌리는 게
더 고소하다.

7 반찬 통에 옮겨 담고 깨를 또
뿌려준다.

8 남은 다진 마늘과 시금치 무친 볼을
들고 다음 페이지로 가져간다. 볼은
또 쓸 거니까 설거지할 필요 없다.

시금치 무침

콩나물무침

시금치만 무치면 반찬 만들기의 효율이 떨어지므로 콩나물도 이어서 무치도록 한다. 어차피 똑같은 양념으로 무쳐도 나물이 갖고 있는 고유의 식감과 맛 그리고 향에 따라 전혀 다른 반찬이 되기 때문에 같은 그릇에 무쳐도 상관없다.

시금치를 삶을 때 그랬듯 콩나물도 얼마나 삶아야 하는지 아직 모른다. 그래도 아삭아삭한 식감을 살려야 하기 때문에, 삶으면서 한 줄기씩 먹어보며 콩의 비릿한 맛이 없어질 때를 포착해 꺼내는 편이다.

고춧가루를 빼고 하얗게만 무치면 아이들과 함께 먹기에도 좋다. 사실 애들이 매운 것을 못 먹으니 아이들과 같이 식사한 이후로는 빨간 나물을 무쳐본 적이 손에 꼽는다. 얼른 매운맛 가르쳐주고 같이 떡볶이 먹고 싶다.

준비물

콩나물, 물, 다진 마늘, 쪽파, 맛소금, 깨, 다시다, 들기름

1 냄비에 콩나물이 잠길 만큼의 물을 넣고 약한 불로 끓인다.

2 물이 끓는 동안 콩나물 뿌리를 손질한다. 꼼꼼하게 제거할 필요 없고 듬성듬성 제거하는 척만 해도 상관없다.

3 끓는 물에 콩나물을 넣고 3~4분 언저리 정도 삶아준다.

4 몇 개를 건져 먹어보고 비린 맛이 없는지 확인한다.

5 시금치를 무쳤던 볼에 뜨거운 콩나물을 담아준다.

6 쪽파 한 줌과 다진 마늘 반 스푼을 넣어준다. 뜨거운 콩나물에 바로 다진 마늘을 넣으면 마늘의 알싸한 맛이 열기에 주눅 드는 것 같아 이렇게 만든다.

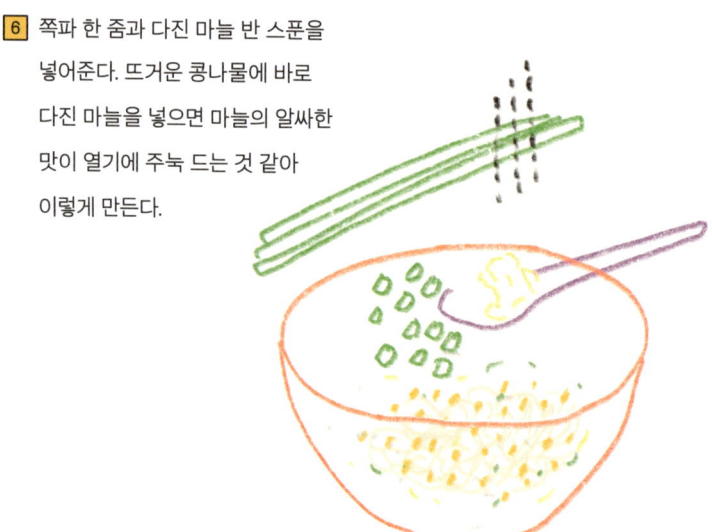

7 들기름 한 스푼과 깨를
적당히 넣어주고

8 맛소금과 다시다를
뿌려 가며 무쳐준다.

9 두 가지 무침을 완성한 걸
두 눈으로 확인한다.

콩 나 물 무 침

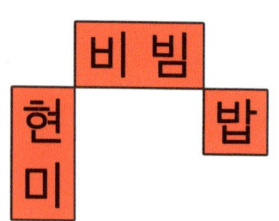

둘째 그린이를 임신하고 임신성 당뇨가 생겼던 적이 있다. 식후 혈당을 체크하며 식단 조절을 해야 했는데, 현미비빔밥은 혈당을 관리하기에 괜찮아서 먹기 시작한 음식이다.

출산 후에도 애 둘을 혼자 보느라 시간이 없어서 있는 반찬 때려 넣고 비벼 빠르게 먹을 수 있는 현미비빔밥을 더 자주 해 먹게 되었다. 이후 인슐린이 정상으로 돌아와 현미밥을 먹지 않아도 됐지만, 계속 현미밥만 먹고 살았더니 어쩐지 흰밥의 식감과 생김새가 어색해졌다. 현미밥도 먹기 싫지만 흰밥도 좋아하지 않는 사람이 된 것이다.

준비물

현미밥, 두부, 참치, 계란, 시금치무침, 콩나물무침, 느타리버섯무침, 고추장, 참기름, 카놀라유

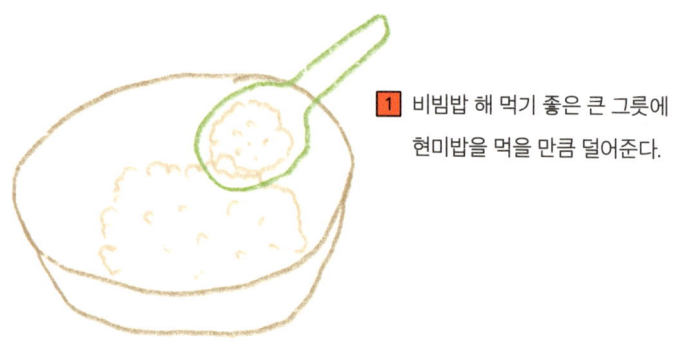

1 비빔밥 해 먹기 좋은 큰 그릇에 현미밥을 먹을 만큼 덜어준다.

2 시금치무침과 콩나물무침, 느타리버섯무침을 넣어준다.

3 기름을 두른 팬에 두부와 계란 프라이를 구워

4 그릇에 옮겨준다.

5 동원참치 90g짜리 절반을 더해준다. 그러면 감칠맛이 배가된다.

6 고추장과 참기름을 넣고 비벼준다.

현미비빔밥

계란찜

아이를 돌보며 급히 밥을 준비해야 하는 상황에서 제일 최고의 요리는 계란찜이다. 아이들용 계란찜을 만들 때는 계란물을 거품이 날 정도로 강하게 휘저어 더 부드럽게 하고, 들깨 가루도 넣어 내 것보다 건강하게 만든다. 김, 계란, 된장 없으면 애들 어떻게 키우나 싶다.

준비물

계란, 물, 쪽파, 연두, 맛소금, 들기름, +-들깨 가루

계 란 찜

1 뚝배기에 계란 두 개를 까 넣고 알끈을 제거한다.

2 계란 두 배쯤의 물을 넣어준다.

3 다진 쪽파 한 고봉 스푼,
들기름 한 스푼, 연두 한 스푼,
맛소금 반 스푼을 넣고 저어준다.
들깨 가루가 있으면 한 스푼 넣는다.

4. 계란물 테두리에 몽글몽글한 거품이 생길 정도로 많이 저어준다. 좀 더 부드러워질 것 같은 마음을 담아보도록 한다.

5. 뚝배기를 강불에 올려 끓여준다. 너무 강하면 타버리니 중강불로 할까.

6. 보글보글 끓기 시작하면 약불로 줄여준 뒤 30초 정도 지나 불을 끈다. 잔열로 익혀준다.

계란 찜

유부 간장 계란 비빔 국수

밥보다 면을 좋아하고 입도 짧은 그래는 조금씩 정말 자주 먹는 스타일이다. 반대로 그린이는 없어서 못 먹는다. 둘의 식성을 고려해 계란지단 많이 넣고 간장비빔국수를 해서 주말 끼니를 때우고는 했는데, 어느 날 냉장고에 유부가 남아 있어 그걸 채 썰어 넣었다. 유부초밥 키트에 들어 있던 맛 좋은 유부를 너었더니 너무 맛있었다. 아이들의 입맛을 저격하는 데 성공한 것은 물론이고, SNS에 올렸더니 쉽고 간편해서 역시나 모두들 좋아한 레시피다.

준비물

소면, 유부초밥 키트, 계란, 간장, 깨, 들기름, 카놀라유

1 계란 세 개를 풀어 잘 섞어 둔다.

2 팬에 기름을 두르고 약불에서 계란 지단을 부쳐준다.

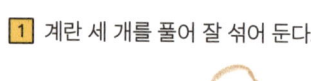

3 계란지단과 유부를 채로 썰어서 담아 둔다.

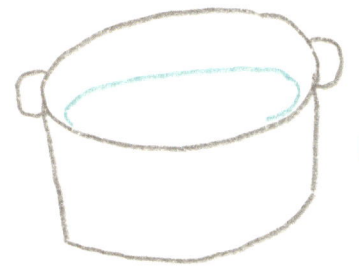

4 소면 삶을 물을 냄비에 넣고 불을
켠다. 소면은 금방 익으므로 다른
재료를 다 준비하고 삶는 것이 좋다.

5 물이 끓으면 소면을 넣고 삶아준다.
거품이 끓어오를 때마다 차가운
물을 한 바가지씩 넣어주도록 한다.

6 소면은 찬물에 바로 씻어줄 거니까 충분히 익었다 싶을 때 건지는 게 좋다. 몇 가닥 먹어보고 내가 아는 식감일 때 그만 삶는다. 밀가루 풋내가 아닌 잘 삶은 소면 맛을 기억해 두어야 한다.

7 꺼낸 소면을 찬물에 박박 씻어준다.

8 그릇에 소면, 계란지단, 유부 채를 모두 담아준다.

9 간장 조금, 유부조림 국물 조금, 들기름을 넣고 비벼준다.

10 잘 비빈 국수 위에 깨를 뿌려준다.

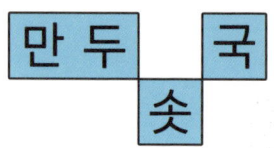

엄마는 만두를 좋아하는 나를 위해 종종 만두를 만들고는 했다. 그리고 이제는 내 것뿐만 아니라 손녀들 것까지 빚는다. 엄마가 만든 손녀 만두는 크기가 유독 작아서 만둣국을 끓이면 만두피와 속이 늘 흩어졌다. 결국 만두소만 내어주는 상황이 반복되며 만둣국은 그렇게 만두솟국이 되었다. 그 이후로 엄마는 만두피 없이 만두소로만 손녀 만두를 만들고 있다.

　엄마의 정성이 가득 담긴 만두소를 국에 풀어 계란까지 넣고 끓여주면 한 끼 식사로 충분한 만두솟국이 된다. 나를 위한 만두소에는 그냥 두부를 쓰면서 손녀들 것은 국내산 유기농 두부를 쓰는 엄마의 마음이 귀엽다. 만약 누군가 당신에게 만두를 빚어 주었다면 그건 보통의 사랑이 아니라고 확신한다.

준비물

만두소, 계란, 물이나 사골 국물, 다진 마늘, 파, 김 가루, 연두, 꽃소금, 참기름

1 냄비에 사골 국물이나 물, 다진 마늘, 파를 넣고 육수를 끓여준다.

2 계란을 까서 알끈을 제거해 풀어둔다.

3 국물이 끓으면 할머니가 만든 만두소를 넣어준다.

4 꽃소금과 연두로 간을 한다.

5 국이 끓어오르는 부분에 계란을 빙 둘러 붓고

6 적당히 끓었다 싶으면 김 가루와 참기름 한 스푼을 넣어 완성한다.

만 두 솟 국

기록하세요!!

숙제	준비물	메모

사랑하는. 나의딸이 요리책을 만들었다기에
요리 책을 읽어보았다. 요리책. 한장 한장
정성이 담겨있고 엄마의 요리도 있고
사랑하는 내. 손녀들 요리도 있었다.
대견스럽고 너무 멋져 보였다
맞벌이 하느라 제대로 챙기지 못해서
제일 작은딸 너무 작아서 "꼬마 엄마"라고
부르기로 한다.
 사랑하는 2딸의 요리책은 서민적이고
사랑냄새나는. 꾸밈없는. 엄마의 사랑이
가득담긴. 세상에 하나밖에 없는
 특별한 요리 책이다.
　　　 사랑한다. 딸.

장미자의 편지

초판 1쇄 발행 2024년 7월 20일

지은이	이주희
편집	이아름
디자인	정기훈
교열	김지희
인쇄	도담프린팅
펴낸이	신유미
펴낸곳	로우프레스
	서울시 성동구 성수일로12길 44, 4층
Tel	+82 70 4154 6893
Instagram	@rawpress.co

ISBN 979-11-90109-25-3

2024 ©로우프레스